Ralf Crüsemann

Kurzandachten und Impulse durch das Jahr

Ralf Crüsemann

Kurzandachten und Impulse durch das Jahr

Fromm Verlag

Impressum / Imprint
Bibliografische Information der Deutschen Nationalbibliothek: Die Deutsche Nationalbibliothek verzeichnet diese Publikation in der Deutschen Nationalbibliografie; detaillierte bibliografische Daten sind im Internet über http://dnb.d-nb.de abrufbar.
Alle in diesem Buch genannten Marken und Produktnamen unterliegen warenzeichen-, marken- oder patentrechtlichem Schutz bzw. sind Warenzeichen oder eingetragene Warenzeichen der jeweiligen Inhaber. Die Wiedergabe von Marken, Produktnamen, Gebrauchsnamen, Handelsnamen, Warenbezeichnungen u.s.w. in diesem Werk berechtigt auch ohne besondere Kennzeichnung nicht zu der Annahme, dass solche Namen im Sinne der Warenzeichen- und Markenschutzgesetzgebung als frei zu betrachten wären und daher von jedermann benutzt werden dürften.

Bibliographic information published by the Deutsche Nationalbibliothek: The Deutsche Nationalbibliothek lists this publication in the Deutsche Nationalbibliografie; detailed bibliographic data are available in the Internet at http://dnb.d-nb.de.
Any brand names and product names mentioned in this book are subject to trademark, brand or patent protection and are trademarks or registered trademarks of their respective holders. The use of brand names, product names, common names, trade names, product descriptions etc. even without a particular marking in this work is in no way to be construed to mean that such names may be regarded as unrestricted in respect of trademark and brand protection legislation and could thus be used by anyone.

Verlag / Publisher:
Fromm Verlag
ist ein Imprint der / is a trademark of
OmniScriptum GmbH & Co. KG
Heinrich-Böcking-Str. 6-8, 66121 Saarbrücken, Deutschland / Germany
Email: info@frommverlag.de

Herstellung: siehe letzte Seite /
Printed at: see last page
ISBN: 978-3-8416-0584-9

Copyright © 2015 OmniScriptum GmbH & Co. KG
Alle Rechte vorbehalten. / All rights reserved. Saarbrücken 2015

Andachten und Predigten zu den verschiedenen Jahreszeiten

Gehalten in einer Krankenhaus Kapelle

Veröffentlichungen als Impulse auf einer Gemeinde Internetseite

von

Ralf Crüsemann

3 - 6	Darf ich alles beten? Matthäus 7,7
7 - 9	Alles hat seine Zeit. Prediger 3, 1-14
10 – 11	Ein gehorsames Leben. Römer 6, 19-23
12 – 14	Den Sturm stillen. Markus 4, 34 -41
15 – 16	Anvertraute Talente Matthäus 25, 14 -30
17 – 21	die Osterbotschaft 1. Korinther 15,55
22 – 25	der Heilige Geist Epheser 5, 15 -21
26 – 27	Helfen, Heilen und das Gebet Markus 1, 29 – 39
28 – 31	Verbindung nach ganz oben Römer 6, 19 – 23
32 – 34	der „ungläubige" Thomas Johannes 20, 19 - 31
35 – 38	der König kommt Matthäus 21, 1 - 9
39 – 43	die Geistesgaben 1. Korinther 12, 12 – 14, 26
44 – 46	1. Advent, die Wachsamkeit Markus 13, 24 – 37
47 – 50	Passion, die Nachfolge Jesu Lukas 9, 57 – 62
51 – 52	Paulus in Athen Apostelgeschichte 17, 22 – 28 a
53 – 56	der Hauptmann, 3. So. nach Epiphanias Matthäus 8, 5 – 13
57 – 59	Der „kleingläubige" Thomas Johannes 20, 25
60 – 62	Verklärung, 2. So. der Bereitungszeit Matthäus 17, 1 – 9
63 – 64	vom Aufgang des Samens Matthäus 13, 24 – 43
65 – 68	die Passion, Motten und Schätze Matthäus 6, 16 – 21

Darf ich alles beten?

Zu Matthäus 7, 7

Liebe Leser, liebe Leserin,

ich geh einmal davon aus,

einige von ihnen haben heute schon ein Gebet gesprochen.

Egal, ob es kurz oder auch lang war,

es war ihnen wichtig, Kontakt zu unserem Gott aufzunehmen.

Da ging es wahrscheinlich um den Wunsch, schnell wieder gesund zu werden, das bei einem OP-Termin alles gut geht, um einen kranken Angehörigen…

bei anderen von ihnen vielleicht darum,

dass die Arbeit heute gut von der Hand geht, dass es ein ruhiger und segensreicher Dienst wird,

oder das zu Hause alles in Ordnung ist,

und weiter viele Wünsche, Bitten und Fragen an Gott.

Ein Patient in unserer Klinik fragte mich kürzlich:

„Darf ich beim Gebet auch meinem Frust, meinem Ärger mal richtig Luft machen?"

Zuerst war ich überrascht,

dann wiederum er, als ich geantwortet habe:

„Aber natürlich dürfen sie das, denken sie zum Beispiel an Sätze wie,

„nichts ist zu groß oder zu klein, um in ein Gebet zu passen!"

es heißt auch:

Gott liebt keine lauwarmen Worte,

denn an anderer Stelle heißt es in Offenbarung 3, Vers 16:

„So, weil du lauwarm bist und weder kochend heiß noch kalt, werde ich dich ausspeien aus meinem Mund."

"Die selbstverständlichsten und einfachsten Taten des Herzens sind die schwersten,

und nur langsam lernt sie der Mensch...

Und zu diesen Taten gehört die Güte, die Selbstlosigkeit,

die Liebe, das Schweigen, das Verstehen und das Gebet."

So hat das ein Theologe (namens Karl Rahner) einmal formuliert.

Schon das Gespräch untereinander wird oft schwer

– wie oft sitzen vertraute Menschen einander stumm gegenüber –

wen wundert es, dass dann das Gespräch mit Gott oft schwer fällt.

Gerade Menschen, die sich um das Gebet mühen, sagen manchmal:

"Ich kann nicht – oder nicht mehr – beten.

Es ist alles so leer in mir".

Am Morgen sind die meisten Menschen am wenigsten aufgelegt zum Reden.

Aber wir haben Geduld mit den "Morgenmuffeln" in der Familie.

Und wenn wir abends nach Hause kommen, sind wir meist auch nicht redselig.

Wie sollten wir es Gott gegenüber sein?

Der Arbeitstag lässt uns noch nicht los.

Es fehlt die Sammlung, die innere Ruhe.

Hinter manchem dieser Einwände stehen eine falsche Vorstellung vom Beten und oft auch ein falsches Gottesbild.

Warum also beten?

Jeder, der es versucht hat, wird es bestätigen:
Wenn ich es fertig bringe, einmal auf irgendeine Zerstreuung zu verzichten und zu beten versuche, mache ich die Erfahrung, dass ich dadurch nicht nur Gott sondern auch mir selbst näher komme.

Ein indischer Yogi sagte einmal:
"Ein Pfeil wird nicht ins Ziel getragen.
Er wird einige Zentimeter zurückgezogen, um hundert Meter zu fliegen."

So zieht sich der Geist ins Gebet zurück, um dadurch umso dynamischer wieder arbeiten zu können.

Vom Gebet gehen Impulse für den Alltag aus.
Und umgekehrt wird das Gebet vom Alltag her erst lebendig.
Gebet ist also nicht Flucht aus der Wirklichkeit.
Im Gegenteil, es kommt unserem Alltag zugute, wenn wir uns zwischendurch zum Gebet zurückziehen.
Das ist ganz verständlich. Wir sind und bleiben nun einmal Geschöpfe, die sich ganz und gar Gott "verdanken".

Deshalb fordert uns Jesus immer wieder auf, zu beten:
"Betet, damit ihr nicht in Versuchung fallt" (Lk 22,40).
"Bittet, und es wird euch gegeben werden" (Mt 7,7, u.v.a.).

Deshalb, liebe Leser, beten sie, über alles was ihnen am Herzen liegt, ohne Scheu oder falsche Bescheidenheit!

Beten sie und fragen sie Gott – vielleicht noch heute Abend!?
Legen sie alles in Gottes Hand

und bitte hören sie genau hin, was Gott ihnen zu sagen hat!

Amen!

Prediger 3, 1-14

Alles hat seine Zeit!

Liebe Leserin, lieber Leser,

Gott hat alles geschaffen.
Und wir sind für die Ewigkeit geschaffen,
nicht nur für das Hier und Jetzt auf der Erde!

Ich denke, wir können jeden Tag ein Stückchen davon erahnen was das bedeutet und wie Gott sich das alles gedacht hat.
Aber letztlich ergründen und begreifen, werden wir es nie.
Auch wenn es viele immer wieder versuchen.
Ewigkeit kann man nicht begreifen, noch in Worte fassen.

Alles hat seine Zeit,
davon spricht der Prediger ja recht viel.
Und Gott hat alles zu seiner Zeit geschaffen.
Immer dann, wenn es Zeit war oder ist.

Was ist eure Zeit, zurzeit?
Stehen sie gerade vor einem Neuanfang,
sind sie mittendrin oder endet gerade etwas in ihrem Leben?
Sind sie gerade traurig und trübsinnig
oder haben sie gerade eine gute und glückliche Zeit?

Haben sie gerade viele Schmerzen und Kummer,

oder geht es ihnen gut und sie schöpfen Hoffnung und Kraft?

Gerade hier, in einer Klinik werden wir sicher
viele Gedanken, Gefühle, Fragen und Fürbitten der Menschen,
zu Gott und dieser Welt, erfahren und spüren können.

Alles hat eben seine Zeit!

Ohne Schatten gibt es kein Licht, man muss eben auch die Nacht kennen lernen.

Sind wir Herr unserer Zeit?

Manche Dinge ändern sich gerade in unserem Leben.

Es ist nicht immer einfach für mich, die Worte des "Predigers Salomo" zu lesen,
sie so anzunehmen und zu sagen:

Na ja, so sagen wir, alles hat eben seine Zeit, so ist es nun mal!

Wir alle merken, dass alles zuerst durchlebt werden muss.

Gerade die traurigen Zeiten,

Zeiten in denen etwas verloren geht,

in denen man noch nicht weiß wie es weitergeht, sind nicht so einfach zu durchleben.

Und dennoch hat der Prediger Recht, wenn er sagt:

Alles soll seine Zeit haben.

So schwer die schweren Stunden auch wiegen,

ich darf mich auch wieder auf die fröhlichen und schönen Zeiten freuen.

Und eines weiß ich auch:

Ich aber, HERR, hoffe auf Dich und spreche:

Du bist mein Gott! Meine Zeit steht in Deinen Händen" (Ps.31, 15+16)

und

"Ich will den HERRN loben allezeit;

sein Lob soll immerdar in meinem Munde sein!" (Ps.34,2).

Egal in welcher Zeit wir uns gerade befinden,

wir dürfen wissen, dass unser HERR allezeit bei uns ist!

Bankenkrise, Kriege, Terror und Gewalt, Krankheiten, Arbeitslosigkeit oder auch ganz anders: die täglich Mühsal und Überforderung im Beruf, die mittlerweile auch kranken Krankenhäuser und unsere angeblich so leeren Gesundheitskassen, einsame und von der Gesellschaft abgeschobene Menschen, oh weh, lieber Leser, erschrecken können wir genug, vor diesem Zeitgeist in unserer Welt und ich möchte Sie jetzt nicht weiter so erschrecken lassen,

aber diese Sorgen gab es und gibt es immer wieder, denn sie stellen auch ein Teil der Freiheit da, die uns Gott gewährt.

Wir sollten es wenigstens versuchen, unsere Zeit in Gottes Hände zu legen.

Gottes Güte und seine Liebe, soll - gerade und trotz aller Erlebnisse an diesem Tag - heute in unseren Herzen spürbar sein.

Und es gibt, sie und mich, damit wir leben.

Hier und Jetzt und in alle Ewigkeit.

Amen!

Ein im Gehorsam geführtes Leben!

Zu Römer 6,19-23

Lieber Leser, liebe Leserin!

Im heutigen Predigttext, geht es im Brief an die Gemeinde zu Rom, Kapitel 6, Verse 19-23, um das Thema:

Ein Leben, das im Gehorsam gegenüber Gott geführt wird, führt zum ewigen Leben!

Unser Apostel Paulus bringt es auf den Punkt:

Ein Leben ohne Gott, hat den Tod zur Folge,

ein Leben mit Gott führt uns ins ewige Leben.

Deutliche Worte, die wir nicht gerne hören, weil sie uns den Ernst der Lage vor Augen führen.

Die Menschen in Rom, an die Paulus schreibt, haben sich bereits entschieden.

Sie haben das Leben in Sünde hinter sich gelassen und sich zu einem Leben mit Gott entschlossen.

Damit steht ihr Leben unter einem neuen Vorzeichen.

Das ist die Gabe des ewigen Lebens.

Dieses ewige Leben ist aber nicht etwas Zukünftiges,

sondern verschafft sich hier und heute schon Ausdruck in der Art und Weise,

wie ich mein Leben gestalte, meinen Mitmenschen begegne und mit den mir gegebenen Möglichkeiten umgehe.

Auch hier, in unserem Krankenhaus, begegnen wir vielen unterschiedlichen Menschen.

Wir begegnen den Patienten, Besuchern und Mitarbeitern, mit all ihren Sorgen und Gedanken darum, wie es weitergehen soll, wie das wohl alles zu schaffen ist.

Da gibt es aber auch Hoffnung und den Glauben an eine gute Zukunft.

Wir hören auf den Fluren und Krankenzimmern Sätze, wie z. B.:

„Glaub mir, es wird schon alles gut gehen",

aber auch Sätze, wie: „ Oh Gott, ob das mal alles gut geht?"

Paulus weist uns deshalb auf den Prozess der Heiligung hin.

Dabei ist der Ausgangspunkt klar:

Ganz wichtig ist meine Bekehrung und Hinwendung zu Gott!

Und auch das Ziel steht fest, die ewige Gemeinschaft mit Gott.

Die Wegstrecke dazwischen ist mein Leben, an dem das neue Vorzeichen und das Ziel erkennbar werden sollen.

Mich davon in meinen Entscheidungen leiten zu lassen ist meine Verantwortung, dass es gelingt ist die Frucht, die Gott wachsen lässt und die nicht von meinen Leistungen abhängig ist.

Lieber Leser:

Denken Sie doch heute Abend vielleicht über folgendes nach:

Wie kann ich meine Beziehung zu Gott klären?

Beten und sprechen sie gegebenenfalls darüber

und beten Sie darum, daran etwas positiv zu verändern.

Amen!

Den Sturm stillen!

Zum Evangelium nach Markus 4, 35-41

Mit der Erzählung von Jesu Stillung des Seesturms beginnt der Evangelist Markus einen Zyklus von Wundergeschichten. Sie zeigen die göttliche Vollmacht Jesu. In schädigenden Naturgewalten sahen die Menschen in Jesu Zeit Dämonen am Werk, die nur Gott überwinden kann.
(Aus dem Internet: Kath. Bibelwerk e.V. - www.bibelwerk.de)

Liebe Leserin, lieber Leser,

es ist noch nicht lange her:

Am Dienstagabend, dem 05. Mai 2015 fegte ein Tornado über die Kleinstadt Bützow hinweg.

Das Kirchendach wurde abgedeckt, das Rathaus schwer beschädigt, Autos zerstört. Die Behörden lösten Katastrophenalarm aus.

Auch im Ruhrgebiet hat der Orkan „Ela" - zu Pfingsten 2014 - verheerende Schäden angerichtet, die wir noch bis heute erkennen können.

Stürme, in letzter Zeit bis hin zu Orkanen, sind uns allen in Wattenscheid bestens bekannt.

Stürme oder Orkane erzeugen eine Ur-Angst in uns, die Angst vor dem Tod.

Wir können uns also gut in die Not der Jünger hinein versetzen, als auf dem See plötzlich ein schwerer Sturm aufzieht.

Die Jünger tun das Beste, was sie machen können:

Sie bitten Gottes Sohn um Hilfe!

So steht es ja auch schon im Psalm 107 geschrieben, von Menschen die in Seenot gerieten.

Die Jünger wecken Jesus mit den Worten auf:

Meister, kümmert es dich nicht, dass wir zugrunde gehen? (Mk 4, 38)

Jesus hilft den verängstigten Jüngern sofort:

„Da stand er auf, drohte dem Wind und sagte zu dem See: Schweig, sei still! Und der Wind legte sich und es trat völlige Stille ein." (Mk 4, 39)

Aber anschließend tadelt er seine Jünger:

"Warum habt ihr solche Angst? Habt ihr noch keinen Glauben?" (Mk 4, 40)

Ich muss gestehen, ich wäre – in solch einer bedrohlichen Situation - über seinen Rüffel mehr als erstaunt gewesen. Auch über seine Gelassenheit, das Er es sich leisten kann, solch einen Sturm zu verschlafen.

Doch es steckt eine entscheidende Botschaft hinter dem kurzen Tadel:

Jesus möchte seinen Jüngern deutlich machen:

So lange ich bei euch bin, kann euch nichts passieren. Das Boot geht nicht unter, wenn ich bei euch bin und ihr werdet nicht sterben!

Ich schlafe zwar im Boot, aber ich bin bei euch.

Allein meine Gegenwart reicht aus, um euch die nötige Gelassenheit, innere Ruhe und Kraft zu schenken.

Wer fest daran glaubt, dem genügt es zu wissen, dass der Kapitän das Ruder fest in der Hand hat und das Boot durch den Sturm lenkt.

Wir sitzen alle in einem Boot: Dem Boot „Erde".

In einigen Bildern ist auch die Kirche - als ein Boot mit vielen Menschen darin - dargestellt.

Und so lautet die Botschaft der Sturmerzählung für mich heute:

Es gibt Stürme, die uns die Bäume vor dem Haus entwurzeln; es gibt Situationen, die lebensbedrohlich für uns sind; es gibt Angst vor bestimmten Situationen in unserem Leben!

Aber ich soll mir immer ins Gedächtnis rufen:

„Dies habe ich zu euch gesagt, damit ihr in mir Frieden habt. In der Welt seid ihr in Bedrängnis; aber habt Mut: Ich habe die Welt besiegt." (Johannes 16,33)

Und wenn ich wieder „kleingläubig" bin, dann darf ich – wie die Jünger damals – um Hilfe rufen und hören, wie Er sagt:

„Schweig, sei still! Und der Wind (die Angst) legte sich und es trat völlige Stille ein."

Ich wünsche Ihnen allen, einen schönen und gelassenen Sonntag.

Zum Evangelium nach Matthäus 25, 14-30

Das Gleichnis von den anvertrauten Talenten

Liebe Leserin, lieber Leser,

angenommen Ihr Chef geht für lange Zeit ins Ausland.

Da er noch Bargeld in der Kasse hat, vertraut er Ihnen und zwei weiteren Kollegen/innen einen größeren Geldbetrag an und wenn er wiederkommt, wird abgerechnet.

Nun, wenn der Chef Ihnen einen großen Geldbetrag zu treuen Händen gibt, zeugt das von großem Vertrauen und Wertschätzung Ihrer Person.

Jetzt die Frage: Was fangen wir mit dem Geld an?

Wir können damit handeln, um einen Gewinn zu erzielen,

wir können es zur Bank geben und uns die Zinsen gutschreiben lassen,

wir können es einfach in den Tresor legen, bis der Chef wiederkommt.

Schön, dass im Bibeltext der Begriff „Talent" gebraucht wird.

Heutzutage bedeutet das Wort „Talent" nicht mehr einen Geld- oder Gewichtbetrag, wir verstehen darunter besonderen Fähig- und Fertigkeiten.

Und genau darum geht es in diesem Gleichnis, nicht um einen Geldbetrag, sondern um den Einsatz unserer persönlichen Gaben (Talente), die uns von Gott mit auf den Lebensweg gegeben werden.

Eines Tages wird Gott uns fragen, was wir mit unserem Leben angefangen haben, was wir getan und gedacht haben, was wir erreichen konnten.

Im Gleichnis wird das als „Abrechnung" zwischen Chef und Verwalter bezeichnet.

Gott erwartet sicher nicht von jedem Menschen großartige Leistungen oder Heldentaten.

Nach den Talenten, die jedem mitgegeben werden, soll jeder einzelne dazu beitragen, dass ein wenig „mehr Wärme und Licht" in diese Welt kommt.

Jeder kann in Beruf, Familie, Freizeit und in der Gemeinde seine Gaben einbringen.

Jeder kann mithelfen damit es schneller, freundlicher, besser, leichter, lustiger, menschlicher, usw. abläuft.

Das Gleichnis warnt uns davor in die Einstellung zu fallen:

„ Lass mal lieber die anderen machen"

Mit dieser Einstellung macht man sich und seine Mitmenschen unglücklich. Das kann man jeden Tag und überall auf der Welt beobachten.

„ Ich habe Angst was falsch zu machen".

Gott lässt auch nicht die Ausrede mit der Angst vor Fehlern oder Kritik gelten, „Wo gehobelt wird, fallen Späne", beruhigt uns schon das Sprichwort.

Hilf, Herr meines Lebens, das ich nicht vergebens hier auf Erden bin.
(Gotteslob, GL440)

„Das Gleichnis von den anvertrauten Talenten will Mut machen und zugleich mahnen. Dir ist viel anvertraut. Setze deine Fähigkeiten und Kräfte ein!"
(Ortkemper, Gottes Volk 8/2005)

Einen schönen und aktiven Sonntag!

Zu Ostern

Zu 1. Korinther 15, 55
Tod, wo ist dein Sieg? Tod, wo ist dein Stachel?

Lieber Leser, liebe Leserin,

Mit Ostern beginnt eine neue Zeit und eine neue Welt, wahres Leben.
Für Paulus hängt dieser Sieg unteilbar mit der verheißenen Wiederkunft Christi und der Vollendung in der Gemeinschaft mit unserem Herrn zusammen.
Im Markus – Evangelium wird erzählt, dass Maria von Magdala und Maria, die Mutter des Jakobus und Salome das Grab Jesu leer vor finden.
Ein Engel sagt zu den Frauen: „Entsetzt euch nicht! Ihr sucht Jesus von Nazareth, den Gekreuzigten? Er ist auferstanden, er ist nicht hier.
Meine Gedanken kreisen gerade zur Osterzeit, viel um diese frohe Botschaft:

Jesus ist auferstanden von den Toten!

Kürzlich stand ich am Grab meiner Eltern, nebenan – am Nachbargrab - steht ein kleiner Junge, zusammen mit seinen Eltern.
Ich merke, ihn beschäftigt und berührt etwas, er möchte etwas Wichtiges erklärt haben.
Ganz vorsichtig fragt er seine Mutter:
„Du Mutti, die Oma ist jetzt für immer weg? Was passiert den jetzt mit Oma? Ist sie jetzt ein Stern?"
So eine spontane und ehrliche Frage, bewegt mich sehr.
Die Großmutter ist jetzt ein Stern, sie ist für immer weg, was passiert jetzt mit ihr!?

Ja, denke ich bei mir – Junge, das ist eine sehr gute Frage.

Und diese Frage, liebe Gemeinde bewegt uns alle.

Ich nehme an, hier ist keiner von uns, den solche Gedanken nicht auch schon einmal gelegentlich berührt haben.

Auch wir überlegen uns des Öfteren, wie geht es weiter mit uns?

Was wird mal aus uns? Ist unser Glaube noch stark in der Gemeinde?

Auch der Apostel Paulus kennt die Zweifel seiner Gemeinde in Korinth.

Er schreibt der Gemeinde ganz eindringlich:

Jesus ist auferstanden von den Toten!

Er lebte als Mensch unter uns, musste leiden und sterben und ist am dritten Tage auferstanden von den Toten!

Paulus spricht aber in seinem Brief nicht nur die Auferstehung Jesu an, sondern er holt noch viel weiter aus:

Er spricht über die Schöpfung, über Adam und Eva, den ersten Sündenfall, die Vertreibung aus dem Paradies, dann über Christus, bis hin zum Weltgericht.

Und dann schreibt er einen provozierenden Satz:

„Hoffen wir allein in diesem Leben auf Christus, so sind wir die elendsten unter den Menschen!"

Wie bitte? Was soll das denn heißen? Die Gemeinde in Korinth horcht wahrscheinlich bei diesem Satz erschrocken auf. Und genau dieses Aufhorchen ist Paulus vermutlich sehr wichtig.

Paulus schreibt der zweifelnden Gemeinde:

Nicht nur um den Glauben an die Auferstehung Jesu geht es, sondern auch um die Hoffnung auf unsere Auferstehung!

Paulus kreist in seinem Brief um drei Themen: Glaube, Liebe und Hoffnung.

Und nicht aus Zufall stellt der Apostel die Hoffnung an den Schluss. Denn an ihr entscheidet sich alles.

Den zweifelnden Korinthern ist ein leeres Grab allein wohl noch nicht Beweis genug für eine Auferstehung.

Ja, selbst die Evangelien lassen ganz deutlich werden:
Erst die Begegnung mit dem Auferstandenen, machte aus Zweiflern Glaubende.

Deshalb ist die Osterbotschaft zugleich Botschaft von der neuen Welt Gottes, eine Wahrheit die nur glaubend erkannt werden kann und die doch unser ganzes Leben prägt.

Christus ist auferstanden von den Toten! Auch für uns!

Liebe Gemeinde, jeder Tod eines Angehörigen ist eine schwere Last für uns!

Die Mutter, der Vater – plötzlich sind sie nicht mehr da und wir denken viel an die gemeinsame Zeit mit den Eltern.

Ab und an denken wir selbst an unseren eigenen Tod, was kommt denn danach?

Wir sind erschrocken! Wir zweifeln!

Ist dann alles vorbei, kommt da noch etwas? Leere? Licht? Und wir alle grübeln:

Gibt es denn wirklich eine Auferstehung, ein Leben nach dem Tod?

Ja, auch unsere klugen Wissenschaftler forschen und zweifeln.

Und weil die Wissenschaft nun mal gerne gründlich ermittelt, haben Forscher, über dieses sehr interessante Thema, zahlreiche klinische Studien angestellt.

Mediziner, Neurologen und Psychologen, befragten Menschen, die kurze Zeit klinisch tot waren und auf der Intensivstation oder im Operationssaal wieder belebt wurden, was haben sie gesehen, was haben sie gefühlt?!

Die übereinstimmende und überraschende Antwort der meisten Befragten war:

„Ich empfand: Ruhe, Wärme, Frieden, Gelassenheit.

Ich habe ein helles Licht gesehen. Ich habe neben mir selbst gestanden, die Trauer und Verzweiflung der Mitmenschen gesehen und ich wollte sie trösten."

Diese Menschen lebten nach dieser tiefen Erfahrung, von einem Tag auf den anderen, plötzlich besinnlicher, ruhiger und zuversichtlicher. Schauten gelassener in die Zukunft.

Warum? Was ist wohl mit ihnen auf der Intensivstation oder im OP passiert?

Weil sie wohl gespürt haben, ja, da kommt noch etwas nach dem Tod, ich brauche keine Angst mehr zu haben.

Ja, auch Jesus musste leiden – sterben – auferstehen, damit wir gerettet werden!

Er rief am Kreuz „Mein Gott, warum hast du mich verlassen?" Auch er war einen kurzen Augenblick verzweifelt!

Aber das Grab, in das er gelegt wurde, erwies sich später als leer.

Gottes neues Reich beginnt schon mit der Auferstehung von Jesus Christus.

Der Weg vom Tod zum Leben ist das Wichtige an Ostern.

Und Paulus fragt die Gemeinde in Korinth mit den Worten aus dem Propheten Jesaja ganz zugespitzt: „Tod, wo ist dein Sieg? Tod, wo ist dein Stachel?

Und er antwortet sogleich: „Gott aber sei Dank, der uns den Sieg gibt durch unseren Herrn Jesus Christus." (1. Kor. 15,55)

So begeistert spricht das Paulus aus! Und wir?

Liebe Gemeinde, ich erlebe bei meiner Arbeit im Krankenhaus auch oft die Verzweiflung und Trauer, wenn ein Patient verstorben ist.

Eine Dame fragte mich doch einmal an der Krankenhauspforte:

„Junger Mann, wird denn von den Ärzten noch mal geprüft, ob ich auch wirklich tot bin? Ich möchte doch nicht lebendig begraben werden!"

Und ich konnte sie beruhigen: Es wird wirklich noch einmal alles genau überprüft!

Aber als die alte Dame schon gegangen ist, fällt mir noch eine wichtige Frage ein.

Ich hätte sie noch Fragen sollen: „Frau Müller! Bitte sagen sie mir doch, was glauben sie, kommt denn nach ihrem Tod!?"

Und ich denke wieder an den kleinen Jungen am Grab seiner Großmutter.

Er zweifelt, er grübelt, aber er ahnt schon etwas von dem, was da kommen mag.

Für ihn ist die Großmutter jetzt ein Stern am Himmel!

Er hofft und vertraut auf eine gute Zukunft für seine verstorbene Großmutter.

Gerade deshalb sagt Jesus zu uns:

„Lasset die Kinder zu mir kommen und hindert sie nicht, denn gerade für Menschen wie sie steht Gottes neue Welt offen. Täuscht euch nicht: Wer sich der Liebe Gottes nicht wie ein Kind öffnet, wird sie niemals erfahren." (Lk. 18, 16ff.)

Paulus fragt die Gemeinde in Korinth, nein mehr - er schimpft mit ihnen:

„Glauben wir an den Tod oder hoffen wir auf die Auferstehung?"

Und er fragt heute damit auch uns, Sie und mich:

Glauben Sie an den Tod oder hoffen Sie auf die Auferstehung? Und er gibt auch eine Antwort. Paulus macht ganz deutlich: Ein Herrschaftswechsel hat sich vollzogen:

Von Adam zu Christus, vom Tod zum Leben. Vom Glauben an den Tod, zur Hoffnung auf die Auferstehung.

Der Tod – liebe Gemeinde – hat nicht das letzte Wort! Die Verheißung des Lebens ist stärker!

Der Weg vom Tod zum Leben: Das ist das ganz Entscheidende an Ostern!

Die in das Leben zurückgeholten Menschen, der kleine Junge am Grab – sie machen mir Mut, auch für mich das Osterwunder glaubend und dankbar an zu nehmen.

Und der Friede Gottes, der höher ist als alle Vernunft, bewahre eure Herzen und Sinne in Christus Jesus.

Amen.

Zu Epheser 5, Vers 15-21
Pfingsten
Heiliger Geist

Lasst euch ... von Gottes Heiligem Geist erfüllen!

Liebe Leserin, lieber Leser!

Paulus schreibt es an seine Gemeinde und auch für uns, heute:
Achtet genau darauf, wie ihr lebt.
Macht euch Gedanken über euer Leben.
Wie geht ihr mit eurer Zeit um?
Wie geht ihr mit euch selber um?
Wie verhalten wir uns gegenüber unseren Mitmenschen?
Und, wie gehen wir mit unserer Welt um?

Doch wir sollen wir nicht aus dem hohlen Bauch heraus überlegen.
Paulus gibt uns eine klare Verhaltensregel:
Wir sollen verstehen, was Gott will.
Das gilt nicht nur Pfarrer und andere kirchliche Mitarbeiter;
sondern für alle Christen, jeden der heute den Gottesdienst besucht.

Aber wie können wir Gottes Willen erfahren?
Paulus gibt uns die Antwort:

"Lasst euch ... von Gottes Heiligem Geist erfüllen."

Aber bitte heute, nicht morgen;

Denn es geht darum, dass wir nicht morgen,
nicht dann, wenn wir hoffen uns gebessert zu haben;
sondern dass wir uns jetzt, trotz und wegen unserer täglichen Probleme,
unserer Bedürftigkeit bewusst werden.

Wir brauchen keine Vorbedingung ableisten, um uns vom Heiligen Geist erfüllen zu lassen.

Wir müssen ihn nur darum zu bitten.

Denn der Geist ist nicht jemand, der ohne unseren Willen über uns kommt.

Er kommt nicht ungebeten und unangemeldet zu uns.

Gott respektiert uns: wir müssen es wollen, wir müssen ihn einladen in unser Leben.

Wir haben das schon einmal gemacht, als wir Christen wurden.

Doch dann kann es vorkommen, dass wir den Heiligen Geist im hintersten Kellerwinkel oder auf dem Dachboden, unseres Lebens, verstauben lassen.

Doch, er ist noch da!

Aber er bestimmt unser Leben nur ganz selten.

Gott drängt sich uns nicht auf.

Er wartet in der Person des Heiligen Geistes,
bis wir uns von ihm erfüllen lassen.

Nicht umsonst bitten wir in unseren Pfingstliedern darum:

Komm, o komm, du Geist der Wahrheit.

Christ sein bewirkt einen klaren Kopf

und hat nichts Schwärmerisches an sich.

Wir erkennen, was Gottes Wille für unser Leben ist,
Sein Geist, macht uns Gottes Wort verständlich.
Und das wirkt sich dann auf unser Leben aus,
zu Hause, in unserer Freizeit, am Arbeitsplatz,
am Krankenbett oder hier im Gottesdienst.
Wenn ich bei allem was ich tue,
wenn ich überall, wo ich bin, Gott dankbar sein kann,
dann erfüllt mich der Heilige Geist ganz.

Lieber Leser,

Paulus richtet hier keine Appelle an uns,
sondern er formuliert eine klare Anweisung,
wie wir zu einem gottgefälligen Leben durchdringen können.
Paulus weiß sehr wohl, dass dies eine tägliche Herausforderung ist;
dass uns dies nicht (immer) leicht von der Hand geht.
Aber gerade deswegen wurde er nicht müde,
uns daran zu erinnern und Wege aufzuzeigen,
wie wir dies in unserem Leben umsetzen können:

Also:
· Nutzt eure Zeit aus – nutzt sie für das Wesentliche!
· Versteht, was der Wille Gottes ist und lasst euch von ihm durchdringen!
· Lasst euch erfüllen vom Geist Gottes, betet dafür,
denn er schenkt uns einen klaren Kopf und ein volles Herz.

Und dann können wir Gott, im Glauben, freudig loben und preisen! Amen.

5. Sonntag im Jahreskreis

Zum Evangelium nach Markus 1, 29-39

Predigen, Helfen, Heilen und Zeit für das Gebet

Liebe Leserin, lieber Leser,

der Evangelist Markus berichtet uns von drei Begebenheiten im Leben Jesu und seiner Jünger.

Jesus besucht die Schwiegermutter von Simon (Petrus) zu Hause und heilt sie vom Fieber.

Am Abend bringen die Menschen aus der Umgebung alle Kranken und Besessenen zu Jesus.

Jesus heilt viele Menschen von allen möglichen Krankheiten und treibt böse Geister aus.

Am nächsten Morgen verlässt Jesus die Stadt Kafarnaum und zieht sich an einen stillen Ort zurück. Doch die Menschen folgen ihm nach und bitten Ihn, zurück in die Stadt zu kommen.

Da wartet eine Menschenmenge auf die heilenden Hände Jesu, sie wollen in sehen, hören, erleben und Er nimmt sich die Freiheit und zieht sich zurück.

„Alle suchen Dich!" – Hier scheinen die Jünger sogar ungehalten gegenüber dem Verhalten Jesu.

Doch an dieser Stelle sagt Jesus ganz gelassen: Stopp!

Ich rede gerne mit euch, helfe und heile euch, aber bitte, gönnt mir auch die Zeit, in Ruhe zu beten und wieder Kraft zu tanken.

Und noch etwas ist dem Herrn Jesus wichtig:

Auch die Menschen in den anderen Städten und Dörfern sollen seine Predigten hören, das ist die wichtigste Aufgabe, dazu ist Er gekommen.

An mehreren Stellen wird in der Bibel berichtet, dass der Herr Jesus sich zum Gebet zurückgezogen hat. Das Gebet ist ihm äußerst wichtig, als Zwiesprache mit Gott und eine Quelle zum wieder auftanken, um all die noch vor Ihm liegenden Aufgaben erfüllen zu können.

Auch heute sind die Menschen vom Morgen bis zum späten Abend aktiv, werden gefordert oder fordern sich selbst heraus.

Im Beruf, im eigenen Haushalt ist viel zu erledigen!

Am Abend noch schnell eine Runde zum Sport oder zu einem Fortbildungskurs?

Ach ja, der Verein hat auch noch etwas auf dem Programm und da läuft doch noch ein interessanter Film im Fernsehen usw.

„Es gibt viel zu tun, fangen wir an!", hieß es einmal in einem Werbespot, es gibt aber auch die Variante, die den Satz humorvoll ändert: „Es gibt viel zu tun, fangt schon mal an!"

Beruf, Familie und Freizeitaktivität, stellen uns vor Verpflichtungen, die es zu erledigen gilt.

Das ist ja auch wichtig und richtig so.

Aber es gilt auch; mal abschalten, einen Gang runter schalten, sich eine Auszeit gönnen, Kraft zu tanken.

Jesus hat es uns vorgemacht: (Mehrmals) Täglich eine Auszeit nehmen und in Ruhe beten!

Ich wünsche Ihnen allen, einen schönen und erholsamen Sonntag.

Die Verbindung nach ganz oben

Zu Römer 6,19-23

Liebe Leser,

gestern Abend im Dienst, das Telefon läutet.

Wie schon so oft an diesem Tag, hebe ich den Hörer ab, melde mich und wünsche einen guten Abend.

Doch es folgt Stille, nach einem Moment des Rauschens im Hörer, kommt von mir die typische Nachfrage:

Hallo, hören Sie mich?

Wieder ein Moment der Stille, „Hallo",

dann eine nervöse, etwas zaghafte Stimme, die antwortet:

Oh –entschuldigen Sie bitte, da bin ich wohl falsch verbunden.

Klick, das Gespräch ist beendet.

Ich sitze noch einen Moment, mit meinem Telefonhörer in der Hand, und lege dann ebenfalls auf.

Dann kommt mir der Gedanke auf:

„Tja, falsche Nummer gewählt, ist schnell passiert", oder „war der Anrufer überrascht und hat schnell das Gespräch beendet, hatte er mit jemand ganz anderem unter dieser Telefonnummer gerechnet?"

Natürlich weiß ich das nicht.

Geht es uns oft nicht auch so, bei dem Wunsch, ein Gebet an Gott zu richten!?

Hallo, guten Abend lieber Gott, hörst Du mich?

Ich habe da eine Bitte an Dich!

Stille! Telefonrauschen?

Hallo Gott, melde Dich doch bitte!

Wenn uns jemand auffordert: "Nun sag doch was", dann versagt uns erst recht die Sprache.

Aber seien sie gewiss, Gott versteht auch unser Schweigen.

Vielen ist das Gebet deshalb verleidet, weil sie die Antwort Gottes vermissen.

Sie gehen von der richtigen Voraussetzung aus, dass zum Gespräch zwei gehören. Dass also das Gebet nicht ein Monolog sein kann.

Viele Wissenschaftler nehmen an, dass es auf anderen Sternen intelligente Wesen gibt.

Daher schickt man Radiowellen in den Weltraum und hofft, auf diese Weise irgendeinen Kontakt zu bekommen.

Niemand aber weiß, ob diese Botschaft aufgefangen wird.

Ist es nicht mit dem Gebet ähnlich?

Wir schicken Worte des Lobes, des Dankes, der Klage und der Bitte in die Unendlichkeit.

Aber auf welche Weise erfahren wir eine Antwort?

So sehr diese Schwierigkeit beeindruckt – könnte es nicht sein, dass der Ausgangspunkt falsch ist?

Wir sollten nicht zuerst fragen, ob Gott uns hört, sondern ob wir auf Gott hören.

Das erste Wort beim Gebet hat nicht der Beter, sondern Gott.

Und er hat längst zu uns gesprochen.

Nicht Gott antwortet im Gebet, sondern unser Gebet ist Antwort auf das, was Gott sagt.

Am Anfang des Betens steht deshalb nach dem Stillwerden das Hören.

Ja, aber spricht denn Gott wirklich zu mir?

Oder bilde ich mir da nur etwas ein? Höre ich da nur das Echo meiner eigenen Wünsche?

Natürlich darf ich nicht das Sprechen Gottes als "wunderbare Stimme" oder als eine innere Erleuchtung erwarten.

Gott spricht mich in allem an, was mir begegnet: in den Ereignissen und Erlebnissen dieses Tages, in einem Buch, einem Wort, einem Brief, in Stimmungen und Gefühlen, in Menschen, die mir begegnen, in der Zeitung...

Hören auf Gott heißt hinhören auf die eigene Situation, auf die Umstände der Zeit;

auch auf die Kleinigkeiten und Selbstverständlichkeiten des Alltags.

Es käme also darauf an, die Augen und Ohren offen zu halten.

Nichts ist so klein, dass es nicht in ein Gebet gehörte.

Wir dürfen Gott nicht so sehr im Außergewöhnlichen suchen, wir müssen das Alltägliche auf Gott hin "abklopfen".

Wie sieht das nun konkret aus?

Wir suchen aus allem, das uns begegnet, den Anruf Gottes herauszuhören und darauf zu antworten.

Am Morgen könnte ein solches Gebet lauten: "Herr, was willst du, dass ich heute tun soll?"

Alles, was der Tag voraussichtlich bringen wird, nehme ich in den Blick und überlege, wie ich es im Sinne Jesu bewältigen kann.

"Wie würdest du handeln?"

Ich nehme also gleichsam im Sinne einer "Vorausmeditation" ein Ereignis,

einen Menschen schon vorher in meine Besinnung, mein Gebet hinein.

Vielleicht werde ich dann später genau dasselbe sagen, was ich auch sonst gesagt hätte.

Aber es wird wahrscheinlich anders gesagt.

Und auch anders aufgenommen.

Ob sich die kleine Pause dieser Besinnung, ob sich dieses Gebet dann nicht schon rein menschlich gelohnt hat?

Das eigentliche Wort Gottes aber an uns ist Jesus Christus.

In Jesus Christus hat sich Gott selbst ausgesprochen.

Mein Gebet ist Antwort auf Jesu Reden und Handeln.

Ich muss hinhören im Bewusstsein: Hier bist du selbst gemeint, hier spricht dich Gott an.

Der Blinde, der Lahme, der Hungrige – das bin ich.

Ein Gebet, das mit dem Hören beginnt, wird nie langweilig.

Weil einem der Stoff zum Gebet nie ausgeht.

Und weil ein solches Gebet mit dem Leben zu tun hat, weil ständig andere Situationen mich ansprechen.

Lieber Leser:

Denken Sie doch heute Abend vielleicht über folgendes nach:

Wie kann ich meine Beziehung zu Gott klären?

Beten und sprechen sie mit anderen Menschen darüber und beten Sie darum, daran etwas positiv zu verändern.

Amen!

Zu: Evangelium nach Johannes 20, 19-31

2. Sonntag der Osterzeit

Die Beauftragung der Jünger und Jesus & Thomas

Die Gemeinde lebt vom Glauben an Christus, den Auferstandenen.
Dieser Glaube ist Staunen und Freude, er ist Dank und Treue.
Wer sich von der Gemeinde absondert, hat es schwer mit dem Glauben.
Der Glaube lebt nicht vom Grübeln, sondern vom Hören, vom gemeinsamen Gotteslob und Gottesdienst, auch von den gemeinsamen Aufgaben.
(aus dem Internet: Ein Tagesimpuls der Erzabtei St. Martin zu Beuron, www.erzabtei-beuron.de)

Liebe Leserin, lieber Leser!

„Das ist doch wohl nicht zu glauben!"

„Ja was glaubt der denn, wer er ist?"

„Ja ich glaub es dir wohl!"

„An so etwas glaube ich nicht!"

„Glaubst Du das?"

...usw.

Als ich über den heutigen Bibeltext nachdachte, ist mir aufgefallen, dass es heutzutage so viele Sätze gibt, die das Wort Glauben mit einbeziehen.

Der Glaube erscheint uns so wichtig, dass wir ihn gerne zur Bekräftigung unserer Aussage benutzen.

So soll unsere Meinung, verstärkt durch das Wort Glauben, Gehör bei anderen Menschen finden.

Wenn wir das Wort Glaube allerdings so häufig einsetzen, stellt sich mir die Frage, an was wir denn alles glauben sollen.

Aber eines wird dadurch deutlich („so glaub ich"):
Der Glaube hat einen hohen Stellenwert in unserer Gesellschaft.

Der Bibeltext beschreibt uns einen nachdenklichen und fragenden Jünger Thomas.

Die Jünger berichten ihm, dass der Herr Jesus wirklich auferstanden ist.

Er hat sie am Abend des Auferstehungstages besucht und sich mit ihnen unterhalten.

Kann Thomas das wirklich glauben, was ihm die anderen Jünger da erzählen?

Beim nächsten Treffen der Jünger ist Thomas aber mit dabei.

Jesus kommt auch an diesem Abend zu den Jüngern.

Jesus sagt zu Thomas: „Reiche deinen Finger her und sieh meine Hände, und reiche deine Hand her und lege sie in meine Seite und sei nicht ungläubig, sondern gläubig!" (Johannes 20,27)

Bis heute sprechen wir deshalb „vom ungläubigen Thomas".

Ich persönlich möchte Thomas aber nicht „zum ungläubigen Thomas" abstempeln.

Er hat damals daran gezweifelt, was ihm die anderen berichtet haben.

Ich hätte an seiner Stelle auch meine Zweifel gehabt, ob ich das alles so glauben kann.

Erst einmal in Ruhe nachdenken, überlegen und prüfen.

Jesus hat für Thomas viel Verständnis, er nimmt sein Nachgrübeln ernst und ermöglicht ihm zu sehen und zu fühlen.

Daraufhin sagt Thomas – ganz frei heraus -: „Mein Herr und mein Gott!" (Johannes 20, 28)

So deutlich hat das bis dahin keiner gesagt, ein Ausruf über den wir ebenfalls bis heute sprechen.

Und so erlebe ich den Jünger Thomas – mit all seinem Grübeln und Zweifeln – als einen treuen und wichtigen Begleiter des Herrn Jesus.

„Das ist doch wohl nicht zu glauben" haben wir von ihm nicht mehr gehört.

„Wachet, steht im Glauben, sei mutig und seid stark!" (1. Korinther 16,13)

Ich wünsche Ihnen allen, einen schönen Sonntag.

Predigttext zu Matthäus 21, 1-9
Siehe, dein König kommt...
Adventzeit

Liebe Leserin, lieber Leser!

Siehe, dein König kommt... Was haben wir da für Bilder vor Augen:
Krönungsfeierlichkeiten mit Gästen aus aller Herren Länder.
Siehe, dein König kommt...

Im Bibeltext lesen wir von anderen Bildern.
Jesus reitet auf einem Esel. 12 Jünger zu Fuß
- das ist die ganze Begleitung.
Aber ist er denn nicht der König der Könige,
der Herr aller Herren?
Siehe, dein König kommt zu dir, sanftmütig und reitet auf einem Esel.

Ach Gott, denken wir - Ein seltsamer König.

Nicht von Soldaten begleitet. Ohne Hofstaat.
Kein Palast wartet auf ihn ..., aber immerhin: Das Volk von Jerusalem jubelt.
Warum verstummten damals die Hosianna Rufe so rasch?
Warum schlug die Huldigung um in Hass?
Nun, sie hatten den Messias mit dem Schwert erwartet. Er sollte die Römer aus dem Land treiben.

Aber schnell war er aus, der Traum von besseren Zeiten, von Glanz und nationaler Herrlichkeit.

Jesus war nicht der, den sie erwartet hatten.

Kein Schwertkämpfer, kein Rambo und auch kein Superstar.

Wir wissen, wie es weiterging.

Die Menschen, die eben noch Hosianna rufen, werden nur wenig später "Kreuzige" schreien.

Der Huldigung wird Verachtung folgen.

Siehe, dein König kommt... Wie steht's mit uns? Jubeln wir?

Geben wir es zu, wir schauen doch auch gerne zu den Starken, Mächtigen und Reichen Leuten auf.

Wie wichtig ist uns heute, Stärke, Durchsetzungsvermögen, Belastbarkeit und makelloses Aussehen.

Wie oft bewundern wir die starken und zupackenden Helden, da wird nicht lange geredet, sondern erledigt.

In diesen Tagen beginnt die Zeit des Advents.

Advent heißt Ankunft.

Wir wollen uns in diesen Wochen auf das Kommen unseres Herrn vorbereiten.

Aber, wird dieser König bei uns ankommen?

Siehe, dein König kommt... So heißt es heute, auch für uns.

Was für einen Herrn erwarten wir denn? Kommt er bei uns an?

Ja, auch der, den wir erwarten, soll mächtig sein.

Schluss machen, soll er mit allem was uns bedrückt.

Unser Recht soll er durchsetzen.

Ein starker Helfer soll er sein, in all unseren Nöten des Leibes und der Seele.

Ja, wenn er doch käme, der Herr, der diese Macht hat!

- Aber ihr Lieben, Er kommt... sanftmütig und reitet auf einem Esel.

Auch für uns heißt es nun - aus der Traum!

Er ist anders, als wir ihn uns vorgestellt und erhofft haben.

Und doch: - Mancher begreift, warum dieser Herr so kommt:

Ohne Gewalt, ohne Schwert, ohne Truppen.

Es scheint, er will anders in dieser Welt gewinnen.

Er blendet uns nicht mit Purpur, Krone und großem Gefolge.

Er will nicht den Glanz in unseren Augen - er will unser Herz!

Gegen die Macht, die uns zu Boden drückt, setzt er die Sanftmut, damit einmal Friede sei in dieser Welt.

Gegen den Druck, unter dem wir stöhnen, bringt er die Liebe.

Siehe, dein König kommt zu dir, sanftmütig und reitet auf einem Esel.

Das sollen wir an dieser Szene begreifen:

Dieser Weg der Demut und Gewaltlosigkeit, den dieser Herr geht, ist die einzige Möglichkeit diese Welt zu verändern - und die Menschen.

Druck und Gewalt, mit Sanftmut und Liebe überwinden!

Liebe Gemeinde, im Alltag so zu handeln, das ist schwer. Ganz schwer.

Und ich gestehe mir ein, ich schaffe das oft auch nicht!

Wenn dann mal wieder Druck und Stress im Alltag auftreten, es wieder hektisch und laut zugeht,

wenn man sich schlapp und müde fühlt, oder unter einer Krankheit zu leiden hat...

Nein, - dann bleibt leider meine Sanftmut oft auf der Strecke und dabei hatte ich mir doch streng vorgenommen:

"Beim Nächsten Mal bleibst Du aber ruhig und gelassen, liebevoll und hilfsbereit"!

Aber - ihr Lieben - einer hat damit angefangen. Jesus Christus!

Und der will in diesen Tagen seinen Einzug bei uns halten.

Und wir, die wir nach ihm genannt werden, sollen ihm auf diesem Weg folgen.

Sie wissen es, ich weiß es, schwer ist der Weg zu gehen, aber seid euch ganz gewiss: Sein Weg führt ins Leben und ins Licht!

Ich wünsche uns allen eine gesegnete Adventszeit,

eine gute Bereitung auf das Kommen unseres Herrn

und die Freude an ihm, dem König, der unsere Herzen will!

Amen!

Predigttext zu 1 Kor 12,12-14.26-27

Zu Pfingsten

Die verschiedenen Geistesgaben und die Einheit des Leibes und seiner Glieder

Liebe Leser/in,

Wie geht es Ihnen in diesen Tagen?

Ja, es sind wohl turbulente Zeiten an den Börsen und Banken, denn alles Geld, Gold und Pomp wackelt in diesem Herbst Anno 2008.

Und wir, - wir sind erschrocken, geängstigt, manche verzweifelt?

Ich frage mich, haben wir noch den guten Geist in unseren Köpfen und Herzen, oder sind wir von allen guten Geistern verlassen?

Bei den verschiedensten Geistesgaben nennt der Apostel Paulus die Notwendigkeit der Liebe als wichtigste Bedingung für den Gebrauch der Geistesgaben.

Als besonders erstrebenswert beschreibt er die Gabe der Prophetie.

Wir können als Menschen wohl kaum beurteilen kann, welche Gabe Gottes mehr oder weniger Wert hat,

viel mehr gilt, dass alle ihren Wert haben und keine bevorzugt oder vernachlässigt werden sollte.

Paulus geht es darum, wie eine Gemeinde überhaupt zusammenhält und zusammen bleibt.

Heute eine genauso wichtige Frage, wie schon vor 2000 Jahren.

Wie denkt Paulus, dass das zu schaffen ist?

- mit Appellen an die Einigkeit?
- mit einer Gemeindesatzung?
- mit einem starken Mann an der Spitze?

Nichts von alledem!

Sondern indem er der Gemeinde die Einheit zuspricht,
und zwar nicht beschwörend, sondern - wie könnte es bei Paulus anders sein-
indem er darauf hinweist, dass Christus Einer ist und deshalb die Gemeinde,
als sein Leib, nur Eins sein kann.

Diese Konsequenzen gelten für die Gemeinde Jesu bis heute, natürlich auch für unsere Gemeinden zu Hause.

Und natürlich auch für die Gemeinschaft in unserer Klinik, in unserem Gottesdienst, hier in der Krankenhaus-Kapelle.

Denn Christus hat sich dafür entschieden, in unserer Welt als Gemeinde sichtbar zu sein!

Eine Gemeinde (und auch unsere Dienstgemeinschaft hier im Haus) lassen sich gut mit einem menschlichen Körper vergleichen, nämlich die Einheit des Leibes, den Blutkreislauf und das Nervenkostüm.

1. Die Einheit des Leibes – die eine Taufe

Paulus kommt deshalb auf die Taufe, um klarzumachen, dass die Gemeinde mehr ist als irgendeine Interessengemeinschaft oder ein Verein.

In die Gemeinde komme ich ja auch nicht, weil ich die anwesenden Menschen alle so nett finde, mich für bestimmte Themen interessiere oder bei der Predigt immer so schön einschlafen kann.

Sondern in die Gemeinde kommen sie und ich, weil Gott nach ihnen gegriffen hat, weil er sie nicht mehr loslässt - und sie von ihm nicht loskommen.

Ganz wichtig – und gerade heute -, dass wir dies auch unseren Kindern und Jugendlichen weiter vermitteln, sie starke christliche Gemeinschaft erfahren und erleben lassen!

2. Der Leib & der Geist Gottes

Eine gute Durchblutung ist lebensnotwendig.

Das gilt nicht nur für unseren Körper sondern auch für die Gemeinde.

Und im Mittelpunkt des Blutkreislaufes steht natürlich die Pumpe, das Herz.

Man könnte ja natürlich in diesem Bild bleiben und überlegen, welches die Ursachen für diverse Erkrankungen des Herzkreislaufsystems der Kirche und der Gemeinde sind und man kommt vielleicht auf ganz ähnliche Ursachen wie beim Menschen: falsche Ernährung und zu wenig Bewegung.

Weil nämlich der Heilige Geist das Herzstück der Gemeinde ist, der alle einzelnen Glieder mit Gottes Gnade und Barmherzigkeit versorgt, werden die bestehenden großen Unterschiede zwischen Menschen völlig zweitrangig und unerheblich.

3. Das Nervenkostüm & die Liebe

Und jetzt müssen wir natürlich zum Schluss noch überlegen, ob ich ihnen da nicht doch ein geschöntes Bild geliefert habe, ob nicht ein kritischer Mensch von außen sagt:

- schön und gut, ich sehe wohl den Arbeitslosen, den Kranken oder Schwachen Menschen, als auch den Berufstätigen, den Gesunden oder den Starken Menschen, bei euch in der Kirche sitzen, ich sehe auch, dass sie alle dieselbe Predigt hören und dieselben Lieder singen.

Aber nach dem Gottesdienst setzt sich der eine in sein neues Auto und fährt in ein schönes Restaurant zum Abendessen;

und der andere weiß nicht, wie er das Geld für die Miete zusammenbekommen soll.

Und an der Stelle spricht Paulus ja nun davon:

wenn ein Glied leidet, dann leiden alle mit und wir alle wissen, dass das stimmt, dass die beste Krankheit nichts taugt und dass schon der Zahnschmerz oder ein Hühnerauge den ganzen Körper in Mitleidenschaft zieht.

Und woran liegt das? - Genau: an den Nerven.

Aber wenn die Nerven funktionieren, dann wird der gut gestellte Mensch zwar vielleicht immer noch in ein gutes Restaurant fahren –

Aber ihm wird der Arbeitslose, der Kranke oder der Schwache in seiner Gemeinde nicht mehr egal sein, er wird anfangen, mit zu überlegen, wie er dem Glied, das gerade leidet, helfen kann.

Zum Schluss möchte ich noch einmal auf die Eingangsfrage zurückkommen:

Ist Christus wirklich bei uns zu erkennen?

Ist bei uns, bei ihnen, bei mir, noch der wahre, gute und starke Geist Gottes?

Sind wir nicht viel zu faltig und vernarbt?

Die Lösung ist eben:

Keine geistige oder scheinheilige Schminke auflegen, nichts überdecken, denn jede Narbe zeugt von einer verheilten Wunde.

Wahrer, starker und guter Glaube, kommt von innen!
Beten wir alle, - für unseren starken Glauben!
Amen!

Zum Evangelium Markus 13, 24-37

1. Advent

Vom Kommen des Menschensohns und die Mahnung zur Wachsamkeit

Liebe Leserin, lieber Leser,

zu Beginn des Advent erwartet man eigentlich Sätze wie: „O, du fröhliche ... Weihnachtszeit", „Advent, ein Lichtlein brennt", „Ihr Kinderlein kommet" usw.

Die Zeilen aus diesem Abschnitt des Markusevangeliums sind aber nicht kuschelig, heimelig und gemütlich.

Im Evangelium lesen wir nicht von Kerzenschein und einer schönen besinnlichen Weihnachtzeit, hier in diesem Text soll der Leser/in wachgerüttelt und zum Nachdenken gebracht werden.

Der Text spricht von Tagen der großen Not auf der Erde, dass die Sonne sich verfinstert, der Mond wird nicht mehr scheinen, die Sterne fallen vom Himmel.

Nein, es wird nicht gemütlich, wenn „wir den Menschensohn mit großer Macht und Herrlichkeit auf den Wolken kommen sehen" werden.

Seine Ankunft wird am Ende der Zeiten stattfinden, wie wir es im Glaubensbekenntnis beten:

„ Er wird wiederkommen in Herrlichkeit, zu richten die Lebenden und die Toten."

Puh, lieber Leser/In, so ein düsterer Text, dabei haben wir Menschen doch schon genug Sorgen im Alltag. (Und es gibt vor Weihnachten noch so viel zu tun!)

Probleme finden wir zahlreich, ob Nah oder Fern, bei uns oder anderen Menschen.

Es gibt schon genug Sorgen in der Familie, aber die abendliche Nachrichtensendung im Fernsehen breitet dann eine ganze Palette von schlechten Neuigkeiten vor uns aus.

Jesus Christus ermahnt uns: „Wachet! Schlaft nicht ein! Passt auf! Seid wachsam!"

Das heißt für uns Christen, wir sollen nicht vor Angst und Sorge resignieren, uns nicht von alltäglichen Dingen „einlullen" lassen.

Helfen und Vorsorgen für unsere Zukunft ist sicher eine notwendige Sache, aber nur auf weltliche Dinge schauen, setzen und vertrauen, ist nicht der richtige Weg.

Was hilft uns ein gut gefülltes Bankkonto, eine großzügige Lebensversicherung, unsere schicke Wohnung usw., wenn die Welt einmal untergeht!? Gar nichts!

Helfen kann dann nur unser fester Glaube.

Das Lied von Dietrich Bonhoeffer beschreibt diese Hoffnung durch den Glauben:
(1) Von guten Mächten treu und still umgeben, behütet und getröstet wunderbar, so will ich diese Tage mit euch leben und mit euch gehen in ein neues Jahr.
Kehr Vers: Von guten Mächten wunderbar geborgen, erwarten wir getrost, was

kommen mag. Gott ist bei uns am Abend und am Morgen und ganz gewiss an jedem neuen Tag. (GL 430)

Ich gebe zu, so einen Mut und so einen starken Glauben wie D. Bonhoeffer in der schrecklichen Zeit des 2. Weltkrieges habe ich noch nicht, aber ich versuche es mit:

1Kor 16,13 Wachet, steht im Glauben, seid mutig und seid stark!

Einen schönen und wachsamen Sonntag wünscht Ihnen allen,

Ralf Crüsemann.

Zu Lukas 9, 57 – 62

(Passionszeit)

Ich will dir folgen, wo du hin gehst.

Liebe Leserin, lieber Leser,

ich lese Ihnen zu Beginn, einen Teil aus dem Predigttext vor.

Und sie gingen in einen anderen Markt.

Es begab sich aber, da sie auf dem Wege waren, sprach einer zu ihm:

Ich will dir folgen, wo du hin gehst.

Und Jesus sprach zu ihm:

Die Füchse haben Gruben, und die Vögel unter dem Himmel haben Nester;

aber des Menschen Sohn hat nicht, da er sein Haupt hinlege.

Und er sprach zu einem andern: Folge mir nach!

Der sprach aber: HERR, erlaube mir, dass ich zuvor hingehe

und meinen Vater begrabe.

Aber Jesus sprach zu ihm: Lasse die Toten ihre Toten begraben;

gehe du aber hin und verkündige das Reich Gottes!

Und ein anderer sprach: HERR, ich will dir nachfolgen;

aber erlaube mir zuvor, dass ich einen Abschied mache mit denen,

die in meinem Hause sind.

Jesus aber sprach zu ihm:

Wer seine Hand an den Pflug legt und sieht zurück, der ist nicht geschickt zum Reich Gottes.

Liebe Leser/in

Möglich wäre also als eine Frage zu diesem Text:

Ist Jesus nach zu folgen, eine Zumutung?

Viele finden Jesus beeindruckend, aber wenige lassen sich ganz auf ihn ein.

Jesus macht in unserem Text klar, dass es in Sachen Nachfolge keine Kompromisse geben darf.

Wer Jünger von Jesus sein möchte, muss radikal alle Sicherheiten und Verbindlichkeiten hinter sich lassen.

Jesus allein ist seine Sicherheit.

Dreierlei mutet Jesus dem zu, der ihm nachfolgt:

1. Heimatlosigkeit. ...der Menschensohn hat nichts, wo er sein Haupt hinlege.

Ist es Ihnen wichtig, ein Haus zu besitzen oder eine schöne Wohnung zu haben?

Lieben Sie Ihren Arbeitsplatz, den Wohnort, ihren Besitz usw.?

Wenn Sie Jesus nachfolgen wollen, dürfen Sie sich von alledem nicht binden lassen.

Es muss zweitrangig sein.

An der Seite von Jesus werden Sie heimatlos in dieser Welt, aber Sie sind auf dem Weg in die ewige Heimat bei Gott.

2. Loslassen von Traditionen.

Mein Elternhaus hat mich geprägt.

Ja sicherlich, viel Gutes verdanke ich meinen Vorfahren.

Aber so manches Überlieferte widerspricht auch dem Evangelium.

Wem gebe ich denn im Zweifelsfall den Vorrang:

Christus oder meinem toten Vater, meinen toten Vorvätern?

Wem erweise ich Ehre?

Wenn Sie Jesus nachfolgen wollen, dürfen Sie sich nicht von alten Familientraditionen binden lassen.

Sie müssen bereit sein, das alles ehrlos, sinnbildlich „unbegraben", liegen zu lassen:

Lass die Toten ihre Toten begraben; du aber geh hin und verkündige das Reich Gottes.

Jesus ist das viel wichtiger.

3. Entschlossenheit.

Wer zurückschaut, pflügt im Zickzackkurs.

Der dritte Jünger in unserem Text möchte am liebsten beides:

am Alten festhalten und Jesus folgen.

Jesus aber fordert eine klare Entscheidung:

Entweder du feierst Abschied,

nimmst dir also Zeit, dein bisheriges Leben (in dem Jesus vielleicht keinen Platz hatte) noch ein bisschen zu genießen, oder aber du wirst mein Jünger. Beides geht nicht.

Wie oft verstecken wir uns aber auch hinter anderen Menschen, oder wir fühlen uns überlastet oder gar nicht verantwortlich, für alles was in der Gemeinde geschieht.

Einige werden sogar krank, weil das Tempo und der Druck, aus unserem Umfeld einfach zu stark geworden sind, wir fühlen uns gehetzt, gereizt und überfordert.

Schon seit einiger Zeit ist es bekannt, dass viele Krankheiten einen psychosomatischen Ursprung haben, dass der Arbeits- oder Gesellschaftstakt Menschen überlasten kann.

Der Herr Jesus kannte und erkannte schon damals die großen Probleme seiner Mitmenschen.

Und ständige aufs Neue, forderte er zur Besinnung und Umkehr auf!

Ihr Lieben, gerade deshalb, fragt euch heute Abend mal in Ruhe:

Wo gibt es für mich „Heimat" in dieser Welt?

Wie sehr bindet sie mich?

Wie wichtig ist mir Besitz, Geld oder meine Stellung in dieser Gesellschaft oder am Arbeitsplatz?

Heißt es bei uns, getreu dem Motto: Gold und Silber lieb ich sehr, kann es immer gut gebrauchen!?

Welche familiären Prägungen, die mich bestimmen, halten mich von der Nachfolge Jesu ab?

Wie entschlossen folge ich Jesus nach?

Möchte ich noch einige Tage oder Jahre „Abschied nehmen"?

Gott schenke uns gerade auch in dieser Zeit, mit ihren ganz Neuen Herausforderungen und Problemen an die Menschen, Entschlossenheit, Mut, Glaube, Liebe und Vernunft.

Amen!

Predigttext zu Apg. 17,22-28a (28b-34)
Paulus predigt das Evangelium in Athen!

Liebe Gemeinde!

Athen. Geburtsstätte der Demokratie. Interessierte Menschen. Heimat der großen griechischen Philosophen. Hohe Bildung. Lebhafter Handel. Großstädtische Weltoffenheit und zugleich Lasterhaftigkeit. Viele Götter, viele Tempel, viele Statuen. Der Apostel Paulus taucht in einen neuen Kulturkreis ein. Wie geht er vor?

Er presst den Athenern nicht die strengen Regeln seiner eigenen jüdischen Religion auf. Sondern er achtet auf Land und Leute mit ihrer Kultur, mit ihrer Religion.

Eine liebenswerte Stadt.

Paulus kommt nicht nur als Tourist, sondern auch als Apostel. Er sieht: Das Evangelium fehlt diesen lieben Leuten. Keiner weiß etwas von Jesus, dem einzigen Retter, den Gott den Menschen gegeben hat. Keiner hat die Chance, an ihn zu glauben und dadurch selig zu werden.

Der Apostel sucht nach Nischen für seine Botschaft. Und er findet sie. Zuerst: Die Athener haben die Lückenhaftigkeit ihres Götterglaubens erkannt. Zur Sicherheit haben sie einen Altar „dem unbekannten Gott" geweiht. Dies wertet Paulus als Offenheit und knüpft positiv daran an. Ich kenne den euch noch unbekannten Gott.

Des Weiteren: Die Athener sind neugierig. Sie können zuhören.

Der Areopag als Marktplatz von Informationen und Meinungen steht gerade Fremden in der Stadt offen.

Paulus nutzt diese Chance. Er predigt. Vom Schöpfer kommt er auf Christus. Wo es um den Kern des Evangeliums geht, riskiert er Ablehnung.

Ein Auferstandener, das finden die Meisten verrückt.

Nur wenige werden gläubig. Dennoch, es ist ein Anfang!

Zu Matthäus 8,5-13

(3. Sonntag nach Epiphanias)

Der Hauptmann bittet den Herrn Jesus um Hilfe

Liebe Leserin, lieber Leser,

ich lese Ihnen zu Beginn, den Predigttext einmal vor, zum einem, weil er sehr bekannt ist, zum anderem, weil er einen Mann mit einem guten Vertrauen auf Jesus Christus und einem starken Glauben schildert:

Als aber Jesus nach Kapernaum hineinging, trat ein Hauptmann zu ihm; der bat ihn und sprach:

Herr, mein Knecht liegt zu Hause und ist gelähmt und leidet große Qualen.

Jesus sprach zu ihm: Ich will kommen und ihn gesund machen.

Der Hauptmann antwortete und sprach:

Herr, ich bin nicht wert, dass du unter mein Dach gehst, sondern sprich nur ein Wort, so wird mein Knecht gesund.

Denn auch ich bin ein Mensch, der Obrigkeit untertan, und habe Soldaten unter mir; und wenn ich zu einem sage:

Geh hin, so geht er; und zu einem andern: Komm her! so kommt er; und zu meinem Knecht: Tu das! so tut er's.

Als das Jesus hörte, wunderte er sich und sprach zu denen, die ihm nachfolgten:

Wahrlich, ich sage euch: Solchen Glauben habe ich in Israel bei keinem gefunden!

Aber ich sage euch: Viele werden kommen von Osten und von Westen und mit Abraham und Isaak und Jakob im Himmelreich zu Tisch sitzen;

aber die Kinder des Reichs werden hinausgestoßen in die Finsternis; da wird sein Heulen und Zähneklappern.

Und Jesus sprach zu dem Hauptmann:

Geh hin; dir geschehe, wie du geglaubt hast.
Und sein Knecht wurde gesund zu derselben Stunde.

Liebe Leser/in

Das Thema der Predigt könnte heute also so lauten:

Ein Römer als Glaubensvorbild! -

Peinlich, wenn der Vater den eigenen Kindern sagen muss:
Nehmt euch ein Beispiel an den Nachbarskindern!
Die sind ja so wohlerzogen!
Ebenso peinlich, ja ärgerlich, muss es für die Israeliten gewesen sein, als Jesus sinngemäß sagte:
Was für einen Glauben dieser römische Hauptmann hat!
So etwas gibt es in Israel nicht.
Das war wie ein Schlag ins Gesicht für die Juden, die stolz darauf waren, Gottes Volk zu sein.
Römer galten für sie als Heiden, als Unreine.
Kann es sein, dass ein heidnischer Hauptmann im Wetteifer um die wahre Gottesfurcht den ersten Platz erringt?
- Jesus sagt: Ja!
Israel hat kein Monopol auf Gott. Gott ist kein Rassist.

Er hat Israel auserwählt. Es ist sein Volk.

Das heißt aber noch lange nicht, dass Gott sich vor der Völkerwelt abschottet.

Ganz im Gegenteil:

Israel dient Gott als Ausgangsbasis,

um sich in Jesus Christus heil voll allen Völkern zuzuwenden.

Jesus ist nicht nur der Messias Israels, sondern er ist noch viel mehr:

Er ist das Licht der Heidenvölker.

Darauf weist Jesus klar hin.

Aus allen Himmelsrichtungen werden Menschen zu Gott kommen.

Aus allen Nationen werden sie zum Glauben finden und im Reich Gottes Gemeinschaft haben:

Abraham, Isaak, Jakob, Israeliten, Römer, Griechen, Germanen, Indianer, Eskimos: alle.

Also gilt, Gott wollte und will, alle Völker erreichen.

"Glaube an deine Grenzen und sie gehören dir!"

oder "Sprich nur ein Wort!" - wie entscheiden sie sich?

Vielleicht denkt der eine oder die andere bei sich:

"Ja, wenn ich so glauben könnte wie jener Hauptmann,

ja, dann wäre und würde mein Leben in anderen Bahnen verlaufen - oder?

Aber wie hat denn dieser Hauptmann geglaubt,

was ist denn das beispielhafte daran?

Ich möchte nochmals betonen:

Jesus spricht an keiner Stelle eine Aufforderung aus, so zu glauben wie dieser Hauptmann!

Was er ausspricht ist letztlich eine Vision:

Viele werden kommen, von Süden und von Norden, von Osten und von Westen,

werden zu ihm, zu Jesus kommen, wie jener Hauptmann und Ihm ihre Anliegen, Sorgen und Nöte sagen.

Viele, wir, sie und ich, sollen kommen und Jesus sagen, was uns auf dem Herzen liegt.

Das ist das Beispiel jenes Hauptmannes:

Grenzen überwinden, zu Jesus kommen, IHM sagen was mich umtreibt und vertrauen, dass Gott handeln wird.

Fangen Sie doch am besten heute Abend damit an!

Ob noch hier, in der Krankenhauskapelle, oder im Büro, oder am Krankenbett, fangen sie doch einfach mal an, beten sie zu Gott, legen sie ihm all ihre Wünsche, Ängste und alles was sie bewegt, ganz offen vor und vertrauen sie ganz einfach, dass Gott ihnen die nötige Kraft, Stärke, Willen und Glauben schenken kann.

Ich wünsche mir die Schlichtheit und Klarheit des Hauptmanns,

für mich, unsere Gemeinde und die gesamte christliche Kirche.

Ich wünsche mir das Bewusstsein, dass wir zu Jesus gehören,

dass wir neu entdecken, dass Gott unser Herr ist,

wir mit Jesus Christus Grenzen überwinden können,

dass wir zu denen gehören, die voller Vertrauen zu ihm kommen.

Amen!

Zu Johannes 20, 25
Der „ungläubige" Thomas
Osterbotschaft

Liebe Leser/in

Thomas tut mir leid.

Seine Freunde sind voller Hoffnung und Freude,
er ist noch in dieser schrecklichen Ungewissheit.
Er ist für mich nicht ungläubig, sondern - "nicht leichtgläubig".

Denn zu glauben, was man nicht sieht, ist durchaus nicht immer eine Tugend,
sondern ebenso häufig eine Flucht vor der Zumutung,
die Unsicherheit, den Zweifel und die Unüberschaubarkeit der Situation auszuhalten.

Thomas ist mutig, er hält seine Zweifel aus.
Er gibt sich nicht so schnell mit einer fertigen Lösung zufrieden.
Wenn Thomas Jesus und seine Wundmale sehen will, dann will er nicht etwas Greifbares in der Hand haben, sondern er will dem Auferstandenen, den Finger in die Wunde legen, so, als ob er sich vergewissern müsste, dass der, der lebt, derselbe ist, wie der, den er am Kreuz hat sterben sehen, - als ob ihm durch das "Begreifen" deutlich würde, dass Gott, in dem Leiden nicht verloren gegangen ist.

Um Jesus zu begegnen, macht er es wie Zachäus, der Oberzöllner:
er mischt sich unter "fromme Leute" und hofft, Jesus sehen und erleben zu dürfen.

Hören wir kurz den Bibeltext – von dem Zöllner Zachäus - dazu,

einen wichtigen Abschnitt, der uns einen starken Glauben und die frohe Botschaft deutlich macht:

Und Jesus zog hinein und ging durch Jericho.

2Und siehe, da war ein Mann, genannt Zachäus, der war ein Oberster der Zöllner und war sehr reich.

3Und er begehrte Jesus zu sehen, wer er wäre, und konnte nicht vor dem Volk; denn er war klein von Person.

4Und er lief voraus und stieg auf einen Maulbeerbaum, auf dass er ihn sähe: denn allda sollte er durchkommen.

5Und als Jesus kam an die Stätte, sah er auf und ward sein gewahr und sprach zu ihm:

Zachäus, steige eilend hernieder; denn ich muss heute in deinem Hause einkehren!

6Und er stieg eilend hernieder und nahm ihn auf mit Freuden.

Ja, lieber Leser:

Dann endlich ist es soweit.

Das Aushalten seiner Zweifel hat sich gelohnt.

Jesus begegnet ihm so nah, dass er sogar darauf verzichtet, ihn zu berühren.

Das Wissen der Andern, hat ihn nicht überzeugen können,

aber die Begegnung mit Jesus hat ihn verwandelt.

Kein Mensch kann die Osterbotschaft glauben, auf das Wort eines Anderen hin.
Jeder ist angewiesen, auf seine persönliche Begegnung mit Jesus.
Und das auch heute noch.

Wir Christen können uns am Verhalten der Jünger,
dem zweifelnden Thomas gegenüber, ein Beispiel nehmen.
Sie sind zurückhaltend im Missionieren,
aber rückhaltlos in der Annahme und Liebe.
Sie drängen ihn nicht,
stülpen ihm nicht ihren Glauben über,
nein, sie überlassen ihn getrost Gottes Wegen,
bleiben einfach nur für ihn da und behalten ihn in ihrer Mitte.

Und ich möchte mit Ihnen beten:

Herr Jesu, ich stehe so, wie Thomas, vor dir.
Meine Zweifel und meine Ungewissheit
machen mir manchmal das Leben schwer.
Ich will dich begreifen, um glauben zu können.
Begegne auch mir und hole mich in meiner Angst dort ab,
wo ich gerade stehe.
Schenke mir die Gewissheit, dass du lebst,
heute, hier, direkt neben mir.

Amen!

Zum Evangelium nach Matthäus 17, 1-9

2. Sonntag d. Bereitungszeit

Die Verklärung

Liebe Leserin, lieber Leser,

„Die Stelle im Evangelium über die Verklärung des Herrn wird in der katholischen Kirche auch am 2. Sonntag der Fastenzeit gelesen.
Denn das Geschehene deutet als Vorahnung auf die Ostererfahrungen hin.
Auch den Jüngern soll die Erfahrung helfen, den bevorstehenden Leidensweg Jesu als Weg in die Herrlichkeit zu verstehen."
(aus: katholisch.de; Zeit im Jahreskreis)

Die Jünger haben ja schon so einiges auf ihrem Weg mit Jesus erleben dürfen.

Aber das Geschehen in Matthäus 17, 1-9 toppt alles bisher erlebte, es ist für die drei Jünger ein wahres Gipfelerlebnis.

Jesus nimmt Petrus, Jakobus und Johannes mit auf einen Berg und die die drei kommen aus dem Staunen gar nicht mehr heraus.

Wir müssen uns das einmal vorstellen:

Oben auf dem Berg angekommen, wird Jesus vor ihren Augen verwandelt, sein Gesicht leuchtet wie die Sonne, seine Kleidung ist blendend weiß.

Doch das ist noch lange nicht alles; Jetzt kommen auch Mose und Elia dazu, die beiden großen Männer aus der Bibel und reden mit Ihm.

Was für ein Tag! Jetzt hören sie Gott selbst reden, wie Donner hören sie seine Stimme: „Dies ist mein lieber Sohn, an dem ich Wohlgefallen habe; den sollt ihr hören!"

Petrus ist so begeistert, so ergriffen von diesem Augenblick, dass er für alle Häuser bauen möchte, um an diesem herrlichen Ort für immer zu bleiben.

Liebe Leserin, lieber Leser,

auch wir kennen Glücksmomente, die wir in unserem Leben haben, wo wir uns dem Himmel näher fühlen als der „tristen" Erde.

Wir sagen dann, dass wir auf Wolke 7 schweben, im 7. Himmel angekommen sind.

So herrlich ist das Himmelreich Gottes!

Leider enden solche Momente dann mit den Worten der gerade nicht „verzückten" Mitmenschen:

Nun komm mal langsam von deiner Wolke wieder runter, bleib mal auf dem Teppich, bleib cool, reg dich wieder ab usw.

Aber hier im Text geht es ja nicht um ein ergreifendes Gipfelerlebnis, sondern das Erlebnis soll den Jüngern und uns etwas deutlich machen:

Gott der Vater ist eine verlässliche Quelle der Kraft!

Jesus kann mit der Hilfe des Vaters seinen vorgegebenen Weg gehen.

Die Jünger sollen, voll Vertrauen, Jesus auf seinem Weg folgen.

„Jesus aber trat zu ihnen, rührte sie an und sprach: Steht auf und fürchtet euch nicht!" (Matthäus 17, 7)

Auch wir erleben Höhen und Tiefen in unserem Leben, nach einem schlechtem, folgt auch wieder ein schönes Erlebnis.

Wir können uns aber darauf verlassen, dass wir Jesus immer an unserer Seite haben und dass wir uns an Ihm und keinem anderen orientieren sollen.

Der Text lässt uns erahnen, wie herrlich die Ewigkeit aussehen mag.

„Ich zähle meine Tage im frohen Bewusstsein, dass unsere Heimat bei Gott ist.

Ich gehe hier meinen Weg weiter und halte die Sehnsucht wach – in Dank und Freude.

Gern singe ich dann zuweilen ein Lied, das diese Freue und Liebe zum Ausdruck bringt,

besonders dann, wenn das Beten schwerfällt und so armselig ist."

(aus: Zitat einer Ordensschwester - Pfarrbrief Sankt Benno, Bischofswerda, zu Pfingsten 2014, www.sankt-benno.de)

Ich wünsche Ihnen allen, einen schönen und erholsamen Sonntag!

Vielleicht kommen sie heute noch, bei einem Ausflug, auf einen sonnigen Berg!?

Zum Evangelium Matthäus 13, 24-43

16. Sonntag im Jahreskreis & „Zeit der Fußball WM im Juli 2014"

Vom aufgehenden Samen - zu - Tor - wir sind Fußball Weltmeister!

Lieber Leser, liebe Leserin,

ich gebe zu, wenn man über einen Text aus dem Matthäus Evangelium etwas schreiben möchte, dann fällt einem nicht zwingend sofort die Fußballweltmeisterschaft 2014 ein.

Aber nach dem ich in der Zeitung so vieles über die vergangene WM gelesen habe, drängte sich mir eine gewisse Parallele auf.

Bundestrainer Joachim Löw erinnert an die Vorbereitungen zu der Fußballweltmeisterschaft:

Er dankt dem ganzen Team, den unzähligen Helfern und Helferinnen, die „im Hintergrund" für die Nationalmannschaft gearbeitet (geackert) haben.

J. Löw: „Ohne euch, wären wir nicht so weit gekommen", „Wir alle sind Weltmeister".

Ich finde das gut, richtig und wichtig, dass auch die Leute „im Hintergrund" zur Geltung kommen, ohne die so eine große Sache - wie die WM 2014 - gar nicht funktionieren würde.

Und spätestens hier gehen meine Gedanken wieder zum heutigen Textabschnitt im Evangelium.

Wie viele Menschen „im Hintergrund" arbeiten und beten täglich für ein gutes Miteinander und Gelingen in unserer Welt.

So viele Menschen machen sich dafür stark, dass ein guter Samen in der Welt aufgehen kann!

Im Juli 2014 hat uns die Fußball WM gezeigt, wie ein gut aufgestelltes WM Team einen Titel holt und die Herzen der Menschen gewinnt.

Matthäus 13, 24 – 43 macht mir deutlich, wie gut und wichtig es ist, dass jeden Tag so viele helfende Hände dazu beitragen, eine gute Arbeit für ihre Mitmenschen zu leistet;

dass auch unsere Kirchengemeinde jeden Tag mit ihren haupt- und ehrenamtlichen Mitarbeitern in den verschiedenen Aufgaben dazu beitragen kann die Herzen der Menschen zu erreichen.

Ein Feld wird bestellt, gepflegt und später geerntet. Die Spreu vom Weizen getrennt.

Ich hoffe, ich werde später - und jeder für sich - eine schöne Ähre, die den Schnitter erfreuen wird.

Einen schönen und gesegneten Sonntag, nun wieder ohne WM Endspiel, wünscht Ihnen

Zu Matthäus 6, 16-21
(Passionszeit / Aschermittwoch)
Motten & Schätze

Liebe Leserin, lieber Leser,

ich stelle Ihnen zu Beginn, einen Teil aus dem Predigttext vor:
Wenn ihr fastet, sollt ihr nicht sauer sehen wie die Heuchler;
denn sie verstellen ihr Angesicht,
auf dass sie vor den Leuten scheinen mit ihrem Fasten.
Wahrlich ich sage euch: Sie haben ihren Lohn dahin.
Ihr sollt euch nicht Schätze sammeln auf Erden,
da sie die Motten und der Rost fressen
und da die Diebe Nachgraben und stehlen.
Sammelt euch aber Schätze im Himmel,
da sie weder Motten noch Rost fressen
und da die Diebe nicht Nachgraben noch stehlen.
Denn wo euer Schatz ist, da ist auch euer Herz.

Liebe Leser/in

Leise zerfressen sie den Inhalt unserer Schränke:
Mehl, Schokolade, Gewürze.
Überall finden sich die Biester! Motten!
Nur was dicht verschlossen ist, lassen sie in Ruhe.

Aber selbst vor manchen Aluverpackungen machen sie nicht halt.

Für uns heißt das dann: Großputz -

alles raus, aussortieren, wegwerfen und den Rest mottensicher verschließen.

Aber überlegen wir doch mal: Wie ist das denn in unserem Leben?!

Denken sie auch oft, dass sie alles gut verpackt haben,

einen guten Vorrat angelegt haben?

Oder entdecken sie am Ende, das nur noch Krümel da sind?

Bei manchen Dingen fragen sie sich, warum sie überhaupt gekauft wurden.

Was sammelt sich alles in ihrem Leben an?

Wichtiges oder unwichtiges?

Aber nicht nur Materielles sammelt sich in unserem Leben an, nein, auch Gedanken, Taten und Worte!

Und leider, viel zu oft, sind diese nicht besonders gut, vollkommen oder sogar positiv.

Jesus sagt hier, dass wir Schätze im Himmel sammeln sollen!

Aber wie geht das, was ist das?

Ich denke es betrifft unsere Lebenshaltung,

unseren Umgang mit unseren Mitmenschen, unser Verhalten, …

Vielleicht ist es mal gut, ein bisschen aufzuräumen,

die Ecken auszuputzen und zu schauen,

was da in unserem Leben alles an unwichtigen Dingen so herum liegt,

Dinge, die doch nur aufgefressen werden aber letztlich keinen Wert für unser Leben haben.

Und noch schlimmer, manche Dinge knabbern unser Leben an!
Bestimmte PC-Spiele, Filme, falsche Freunde, Alkohol,
der Umgang mit dem lieben Geld, ...
Wir haben es doch gerade in diesen Tagen ganz deutlich zu spüren bekommen,
was der schlechte Umgang mit Geld, die Gier und Gewinnsucht in unserer Welt alles bewirken und leider auch zerstören kann.

Fragen wir uns doch einmal, ob das, was wir tun oder sagen, Jesus ehrt?

Lieber Leser/in,

wenn es ihn ehrt, dann ist es ein Schatz im Himmel.
Und was für Jesus wertvoll ist, kann nicht „gefressen" werden.

„Am Aschermittwoch ist alles vorbei..."

singt man in einem Faschingslied.

Oder fängt am Aschermittwoch alles an?
Sieben Wochen Fastenzeit. Innehalten. In sich gehen. Nachdenken.
Den Kurs meines Lebens überprüfen.
Das Ziel wieder neu ins Visier nehmen.
Umkehren zu Gott.

Und wenn uns das ab heute gelingt, dann kann es ein Neuanfang im Glauben werden.

Betrachten wir unser Vorhaben aber bitte nicht als religiöse Heldentat.

Warten wir vielmehr gespannt und freudig auf das, was Gott in uns verändern wird.

Bleiben wir im Gespräch mit Gott. Achten wir auf sein Wort.

Und dann genießen wir unsere Beziehung, zum Vater im Himmel.

Amen!

Printed by Books on Demand GmbH, Norderstedt / Germany